NOTE

SUR LA

LÉGISLATION DES MINES

AU JAPON

PAR

M. J. TAFFANEL,

Ingénieur au Corps des Mines.

(Extrait des ANNALES DES MINES, livraison de Novembre 1902.)

PARIS

Vᵛᵉ Ch. DUNOD, ÉDITEUR

49, Quai des Grands-Augustins, 49

1902

NOTE

SUR LA

LÉGISLATION DES MINES

AU JAPON

PAR

M. J. TAFFANEL,

Ingénieur au Corps des Mines.

———

(Extrait des ANNALES DES MINES, livraison de Novembre 1902.)

———

PARIS

V^{re} CH. DUNOD, ÉDITEUR

49, Quai des Grands-Augustins, 49

—

1902

NOTE

SUR LA

LÉGISLATION DES MINES AU JAPON

———

La législation des Mines au Japon a subi depuis un demi-siècle de profondes modifications : elle n'était, à l'origine, que l'application absolue du principe de la domanialité : domanialité féodale au temps des Shoguns, domanialité d'État après la révolution de 1868. Elle a évolué jusqu'à perdre complètement ce caractère originel.

Les principales étapes de cette évolution sont la loi de 1873, la loi de 1890 et la revision de 1900.

La loi de 1873 a consacré et en même temps corrigé, dans ce qu'il avait de trop absolu, le système de la domanialité tel qu'il était antérieurement pratiqué : elle a réglementé l'arbitraire gouvernemental ; des décrets postérieurs ont continué dans la même voie en limitant les charges de l'exploitant ; finalement, on a pu considérer la législation japonaise de cette époque comme fondée, au moins en partie, sur le principe du droit régalien.

La loi de 1890 a complètement modifié ce caractère et transformé le régime minier japonais. Les traits principaux de l'évolution résident dans la reconnaissance des droits de l'inventeur et l'accroissement des garanties de l'exploitant. Cette loi constitue le fond de la législation actuelle : la revision de 1900 n'a porté que sur quelques articles, dont un seulement est d'une importance capitale : c'est celui qui donne aux sociétés formées de capitaux étrangers le droit d'exploiter des mines dans l'Empire du Japon.

Ainsi l'étude de la législation japonaise n'offre pas seulement un intérêt théorique, en raison des transformations qu'elle a subies depuis un petit nombre d'années : elle présente en outre un intérêt d'actualité, puisque le champ minier qu'elle régit s'est ouvert tout récemment à l'activité européenne.

La loi de 1873 a été traduite et analysée par M. Aguillon, inspecteur général des Mines, dans une étude qui a paru dans les *Annales des Mines* (*). Nous ne ferons qu'en rappeler les caractères généraux et noter brièvement les différents points sur lesquels ont porté les modifications de 1890.

Aux termes de la loi de 1873, quiconque désirait entreprendre des recherches de mine ou exploiter un établissement minier devait avoir obtenu au préalable l'autorisation du Gouvernement. Celui-ci statuait discrétionnairement : aucun privilège n'était réservé à la priorité de la demande, ni, dans le cas de l'exploitation de mine, au propriétaire du sol. La possession d'un permis de recherche ne donnait aucun droit à l'obtention d'un permis d'exploitation.

L'autorisation de l'administration constituait un contrat d'une durée limitée à un an pour les permis de recherche, quinze ans pour les concessions de mine ; le bail pouvait d'ailleurs être renouvelé.

Le contrat de concession était révocable dans des conditions déterminées par la loi ; le droit qu'il conférait était assez précaire : c'était un droit d'exploitation temporaire et non une propriété de mine ; c'était un droit mobilier : on ne pouvait hypothéquer la mine.

Il n'y avait pas de redevances tréfoncières ; mais l'État

(*) *Annales des Mines*, 1885, 8ᵉ série, t. VII, p. 489.

percevait un droit fixe et une redevance proportionnelle très élevée en 1873 (20 à 30 p. 100), abolie en 1875.

Enfin, la loi prescrivait des mesures très sévères pour écarter de l'industrie des mines le personnel et les capitaux étrangers.

La loi de 1873 réalisait un sérieux progrès sur le régime très arbitraire qui l'avait précédée ; mais le législateur l'avait conçue sous l'influence des idées de domanialité qui avaient cours à cette époque : sa principale préoccupation avait été la sauvegarde des droits de l'État et de la nation. Il réglementait bien la forme et la durée des contrats ; mais le concessionnaire n'était toujours qu'un fermier, que l'État propriétaire choisissait à son gré et auquel il confiait l'exploitation de ses mines moyennant paiement des redevances convenues ; à la résiliation du bail, l'État rentrait en possession des travaux souterrains sans aucune compensation pour le fermier.

Ce régime fut peu favorable au développement de l'industrie minière : l'impôt proportionnel, trop élevé, ne pouvait être supporté que par des mines particulièrement favorisées ; de plus, même après la suppression de cet impôt, la durée limitée du contrat de concession ne permettait pas de prévoir et d'entreprendre des travaux de longue durée, et entravait considérablement l'exploitation. Ce régime convenait seulement à des mines d'importance secondaire et dont l'exploitation n'engageait pas une mise de fonds trop considérable.

Ce fut un régime de transition. La crainte de l'étranger se fit moins vivement sentir lorsque l'on vit que les mines les plus riches avaient passé entre les mains de familles ou de sociétés japonaises, qui les exploitaient avec succès. Ces sociétés demandaient seulement des concessions de plus longue durée, qui leur permissent d'entreprendre des travaux plus importants et d'étendre leur champ d'exploitation. D'autre part, de nombreux gisements de moindre valeur restaient inexploités, parce que les travaux de recherche, de traçage ou de première installation nécessitaient des capitaux importants et demandaient des garanties plus sérieuses.

La loi de 1890, tout en sauvegardant l'intérêt général, donna ces garanties et contribua très efficacement au progrès de l'industrie minière. La revision de 1900, en ouvrant cette industrie aux capitaux étrangers, a eu pour but de favoriser l'exploitation des gisements les moins avantageux en suppléant à l'insuffisance des capitaux nationaux.

Nous allons analyser la loi de 1890, d'après le texte revisé en 1900.

Généralités. — Au seuil de la loi se trouvent deux articles importants. L'article 3, sur lequel a porté la revision, est ainsi conçu : « Sont seuls autorisés à se livrer à des entreprises minières au Japon les sujets de l'Empire et les sociétés constituées selon la loi japonaise (*). » Or la loi sur les sociétés n'établit aucune distinction de nationalité : il en résulte que toute société constituée au Japon avec des associés, soit japonais, soit japonais et européens, soit européens seuls, a, en vertu de l'article ci-dessus, le droit de faire des recherches de substances minérales et d'exploiter des mines dans l'Empire du Japon(**).

L'article 2, après avoir stipulé, en souvenance de la législation antérieure, que tout minerai non exploité est la propriété de l'État, énumère les substances légalement

---

(*) *Le Code de commerce de l'Empire du Japon*, qui contient la loi sur les sociétés, a été traduit en français par L. Lœnholm, professeur de droit à l'université de Tokyo. Paris, ancienne maison Larose et Forcel, 22, rue Soufflot.

(**) C'est par application de l'article 3 qu'une société composée en majeure partie de capitaux américains exploite les pétroles de la province d'Etcigo.

qualifiées de minérales et échappant par ce fait aux droits du propriétaire du sol. L'énumération est limitative : elle ne comprend ni le sel gemme ni les pierres précieuses, que la loi de 1873 considérait comme concessibles. Elle exclut explicitement les minerais d'alluvion (*). Ainsi le législateur, qui retire au propriétaire du sol toute espèce de droits ou privilèges sur les substances minérales concessibles, a tenu à en limiter le nombre aussi étroitement que possible.

Permis de recherches. — Nul ne peut entreprendre de recherches de substances minérales concessibles sans avoir obtenu l'autorisation de l'administration (Art. 8). Mais l'attribution du permis de recherche n'est plus laissée à la discrétion du Gouvernement : le droit d'explorer est accordé d'après la priorité de la demande (Art. 15 et 16) ; ceci constitue l'un des principes fondamentaux de la loi, dont on retrouvera l'application à propos de l'attribution des concessions.

Le permis de recherche est valable pour une année seulement (Art. 9) ; une prolongation pour une durée maximum d'un an ne peut être accordée par l'administration que lorsqu'elle est motivée par des circonstances particulières.

L'explorateur ne peut disposer des produits concessibles des travaux de recherche qu'après autorisation administrative et moyennant le paiement de la redevance proportionnelle exigée des exploitants (Art. 10 et 11).

Institution et constitution de la propriété minière. — Un acte de concession, comportant tous les droits et charges de la propriété minière, est accordé par l'administration

---

(*) L'énumération comprend les minerais d'or, d'argent, de cuivre, de plomb, de bismuth, d'étain, d'antimoine, de mercure, de zinc, de fer, de manganèse, d'arsenic, le sulfate de fer, le fer chromé, les phosphates, le graphite, la houille, le lignite, le pétrole, l'asphalte et le soufre.

sur demande et d'après la priorité de la demande (Art. 12, 15, 16). Le demandeur est seulement tenu de fournir la preuve de l'existence de la substance minérale qui fait l'objet de sa demande, à l'intérieur du périmètre revendiqué (Art. 13).

Le principe de la priorité souffre trois exceptions.

L'article 21 stipule que, pendant la durée d'un permis de recherches, l'explorateur est seul autorisé à présenter une demande de concession portant sur la même substance dans le même périmètre ; cette disposition revient à donner un droit de préférence à l'explorateur, c'est-à-dire généralement au premier occupant, ou, en fait, à l'inventeur. Nous trouvons ici une certaine analogie avec la loi prussienne de 1865 ; toutefois la distinction formelle que cette loi établit entre l'inventeur et le premier demandeur n'existe pas dans la loi japonaise.

Une seconde exception est relative aux demandes portant sur un périmètre déjà concédé ou livré aux recherches pour une substance minérale différente ; dans ce cas, l'explorateur ou le concessionnaire originel a le droit d'opposer son refus, lorsque les privilèges qui font l'objet de nouvelles demandes peuvent nuire à l'exercice de ses propres droits, ou lorsqu'il a l'intention de solliciter lui-même les privilèges en question : il bénéficie de la sorte d'un véritable droit de priorité (Art. 22, 23).

Enfin, la loi reconnaît explicitement un droit de priorité aux créanciers hypothécaires d'une mine que le concessionnaire a abandonnée pour cause de retrait de concession ou d'abandon de l'exploitation (Art. 38).

En résumé, l'institution de la propriété minière est basée sur le principe fondamental de la priorité de la demande ; les exceptions que nous avons signalées ne sont en réalité qu'une extension rationnelle du même principe. L'État n'intervient qu'à titre de rouage administratif dans le mécanisme de l'institution.

Toutefois l'État, au nom de l'intérêt général, s'est réservé des droits et privilèges qui ont pour effet de soumettre la propriété minière, pendant et après son institution, à un contrôle administratif des plus sérieux. L'administration peut refuser de faire droit à une demande de permis de recherches ou de concession de mine, elle peut annuler un permis ou prononcer le retrait d'une concession, toutes les fois qu'elle juge que l'exercice des droits d'exploration ou d'exploitation est susceptible de nuire ou est effectivement nuisible au bien public (Art. 18, 19). Malgré la garantie, au moins théorique, du recours contentieux ouvert contre pareille décision, la gravité de cette disposition ne devra pas échapper aux étrangers qui voudront créer au Japon des établissements miniers ; la formule « nuire au bien public » (*) est assez vague pour pouvoir servir de prétexte à des mesures arbitraires de la part du Gouvernement ; il n'est pas superflu d'envisager une pareille éventualité dans un pays où l'on songe souvent à se servir des étrangers et de leurs capitaux, mais où l'on redoute à un degré excessif qu'ils ne s'immiscent dans les affaires nationales.

. A côté des mesures radicales dont nous venons de parler, l'administration s'est réservé les moyens de diriger les travaux de mine de manière qu'ils soient conformes à l'intérêt général. Le concessionnaire est tenu de lui remettre un programme annuel de travaux à exécuter, qu'elle contrôle au double point de vue de l'importance des travaux et de la conservation de la mine. La loi de 1873 fixait un minimum de production annuelle par unité de surface de l'aire de concession ; la loi de 1890 s'en remet à l'appréciation de l'administration, ce qui est à la fois plus rationnel et plus dangereux dans l'application. La non-exécution des travaux tels qu'ils ont été approuvés

---

(*) *To be injurious to the public welfare.*

par l'administration peut entraîner le retrait de la concession (Art. 26, 27, 28, 29).

La loi prévoit trois autres cas de déchéance. Le retrait est prononcé : 1° lorsqu'il est reconnu que le droit d'exploiter (ou d'explorer) a été irrégulièrement ou frauduleusement obtenu (Art. 33, 34) ; 2° lorsque, l'administration ayant, dans l'intérêt de l'exploitation, prescrit des modifications au périmètre de concession, l'exploitant refuse de s'y conformer (Art. 43) ; 3° lorsque le concessionnaire refuse de payer les redevances prescrites par la loi (Art. 76).

Le champ livré à l'exploitation par l'acte de concession est limité par des plans verticaux rectangulaires et déterminé au gré du demandeur, sous la double condition que la superficie totale soit comprise entre un maximum de 600.000 tsubo (198^{ha},3480) (*) et un minimum de 10.000 tsubo (3^{ha},3058) pour les mines de charbon, 3.000 tsubo (9.917^{m2},4) pour les autres mines (**) (Art. 41). D'ailleurs, lorsqu'on reconnaît que la forme ou la position du périmètre de concession ne se conforment pas assez fidèlement à la structure du gisement, le concessionnaire peut demander, l'administration peut exiger des modifications de périmètre ayant pour effet d'améliorer les conditions d'exploitation (Art. 42, 43, 44, 45). Les opérations de fusion et de division de concessions, autorisées en principe moyennant déclaration à l'administration, ne doivent jamais enfreindre les limites ci-dessus prescrites (Art. 46).

La loi achève de définir la propriété minière telle qu'elle est constituée par l'acte de concession, en déclarant qu'elle peut être achetée, vendue, transférée et hypothéquée ; ces différents actes n'ont de valeur légale qu'après déclaration ou enregistrement.

(*) 1 tsubo = 3^{m2},3058.

(**) Le règlement du 10 février 1899 assujettit aux mêmes conditions les périmètres de travaux de recherche (Art. 10).

Aussi la propriété de mine peut être considérée comme une propriété véritable ; ce n'est plus un simple droit d'exploitation temporaire, comme dans la loi de 1873 ; l'exploitant n'est pas un fermier, mais un propriétaire qui dispose de son bien selon son gré (*). Seulement, comme cette propriété est d'une nature particulière et intéresse le bien public, elle est soumise à un contrôle administratif ; il faut reconnaître que, dans cet ordre d'idées, la loi a réservé à l'État des pouvoirs très étendus qui peuvent aller, dans certaines circonstances, jusqu'à compromettre le caractère de liberté et d'indépendance qui s'attache à l'idée de propriété ; l'État, en abandonnant le droit de choisir le concessionnaire, pouvait craindre qu'il n'en résultât des conséquences nuisibles à l'intérêt général ; il était utile qu'il pût, dans certains cas, prononcer la déchéance ; il est seulement regrettable, au point de vue des garanties de l'exploitant, que son intervention n'ait pas été mieux définie et plus exactement délimitée.

Relations des concessionnaires avec les propriétaires du sol. — Les articles 24 et 25, qui traitent des servitudes, interdisent tous travaux de mine ou opérations connexes : 1° dans un rayon de 300 kens (545 mètres) (**) des mausolées impériaux et des constructions militaires ou navales ; 2° à une distance de moins de 30 kens ($54^m,50$) en toutes directions (***) des monuments publics, routes, voies ferrées, lacs, rivières et marais. Ces limites ne peuvent être enfreintes que lorsqu'il n'en peut résulter aucun danger et que les autorités compétentes ont donné leur consen-

---

(*) La loi de 1873 obligeait le concessionnaire d'une mine métallique à fondre lui-même son minerai. Cette disposition est abrogée par la loi de 1890.

(**) 1 ken = $1^m,8182$.

(***) C'est-à-dire même dans le sens de la profondeur.

tement. Les énumérations des articles 24 et 25, qui sont limitatives, ne comprennent pas les constructions civiles.

Le chapitre IV (Art. 47 à 57) fixe les règles relatives à l'occupation des terrains. Les opérations de levé de plans s'exécutent, en cas d'opposition du propriétaire du sol, au moyen d'une autorisation délivrée par l'administration (*). Pour tous les travaux miniers qui nécessitent une occupation véritable et qui sont énumérés dans la loi, le propriétaire du sol est tenu à accorder son consentement et à louer son terrain à un taux convenable ; en garantie du paiement de la rente, il peut exiger le dépôt préalable d'une caution ne pouvant dépasser la valeur imposable du terrain ; en fin de location, tout dommage donne droit à indemnité. Lorsque l'occupation doit durer ou a duré plus de trois ans, l'exploitant peut exiger du propriétaire qu'il lui vende le terrain occupé. Toutes les contestations relatives à l'occupation de terrains sont réglées par l'administration des mines.

Relations entre mines voisines. — Les prescriptions de la loi de 1873 concernant les relations entre mines voisines, les galeries générales et les galeries d'aérage et d'épuisement, sont abrogées par la loi de 1890. La seule prescription que contienne la législation actuelle se trouve dans le règlement de 1899, où il est stipulé (Art. 11) que deux concessions voisines doivent être séparées par un intervalle d'au moins 20 yards (18^m,28) ; l'intervalle peut être réduit ou supprimé par consentement mutuel des concessionnaires voisins ; mais l'administration peut en exiger le maintien, et même porter la distance à 100 yards (91^m,43), si elle le juge nécessaire.

Police des mines (Art. 58 à 63). — Le contrôle que l'administration exerce sur l'exploitation des mines a pour

-----

(*) Art. 5 du Règlement du 10 février 1899.

objet : d'assurer la conservation de la mine et des bâtiments annexes ; de veiller à la sécurité des ouvriers et à l'hygiène publique ; de garantir la surface du sol et faire respecter l'intérêt public.

L'administration a toute autorité pour ordonner la suspension des travaux ou pour prescrire les mesures nécessaires ; si l'exploitant ne se conforme pas immédiatement à ses décisions, elle fait exécuter elle-même les mesures prescrites, aux frais de l'exploitant, qui est tenu de mettre à sa disposition le personnel requis. En cas de déchéance ou d'abandon des travaux, l'administration fait prendre les dispositions nécessaires à la conservation de la mine ; les installations de surface que le concessionnaire n'a pas fait disparaître dans un délai donné sont livrées au propriétaire du sol.

La loi confère au Ministre de l'Agriculture et du Commerce le pouvoir réglementaire pour tout ce qui concerne la police des mines.

Redevances (Art. 73 à 76). — La loi ne reconnaissant au propriétaire du sol aucun droit sur les substances minérales concessibles, il n'existe pas de redevances tréfoncières. L'État perçoit deux taxes : une redevance fixe annuelle de 30 sen (*) par 1.000 tsubo d'aire de concession (4 fr. 53 par hectare) et une redevance proportionnelle égale à 1 p. 100 de la valeur du minerai extrait (**). Le prix du minerai est évalué d'après le cours moyen des principaux marchés ; la quantité est déclarée par l'exploitant dans son rapport annuel ; les fausses déclarations sont punies d'une amende égale à trois fois la diminution de redevance résultant de l'erreur intentionnellement commise.

(*) 1 yen = 100 sen = 5 francs.
(**) Les mines de fer sont exemptées de la redevance proportionnelle.

Pénalités. — Le chapitre VIII (Art. 77 à 88) traite des pénalités pour infractions à la loi : il fixe le maximum et le minimum des amendes que l'administration peut infliger à propos de chaque infraction ; le taux des amendes est généralement peu élevé et ne dépasse jamais 150 yens (750 francs).

Réglementation du travail (Art. 64 à 72). — A l'imitation de la loi prussienne de 1865, le législateur a voulu établir une réglementation du travail spéciale aux ouvriers mineurs. Il a donné à l'administration un droit de contrôle en prescrivant que les règlements intérieurs des concessionnaires devaient être soumis à son approbation ; il a délégué au Ministre de l'Agriculture et du Commerce le pouvoir réglementaire pour tout ce qui concerne le travail des enfants, la nature du travail des femmes et la limitation à un maximum de 12 heures du travail des adultes. En outre, il a fixé des règles générales au sujet des relations entre les exploitants et les ouvriers, en n'autorisant les ruptures de contrat qu'après avis préalable donné deux semaines à l'avance, sauf dans certains cas de force majeure nettement spécifiés ; en interdisant les paiements en nature, excepté sur la demande expresse de l'ouvrier ; en obligeant l'exploitant à tenir un registre d'ouvriers et à délivrer, sur demande, des certificats de travail ; en prescrivant des indemnités pour les accidents du travail.

Administration des mines. — L'administration des mines, qui est chargée de l'exécution de la loi, est une dépendance du Ministère de l'Agriculture et du Commerce. Le Ministre constitue l'autorité supérieure : il a sous ses ordres les chefs de bureau de contrôle des subdivisions minières.

L'administration des mines a des attributions très étendues ; en dehors de ses attributions purement administratives, elle a la juridiction en matière civile pour toutes les contestations entre les exploitants et les propriétaires du sol, et en matière pénale pour les infractions aux divers articles de la loi ; elle dispose du pouvoir réglementaire pour l'application de la loi.

Les chefs de bureau de contrôle des subdivisions minières sont particulièrement chargés des opérations administratives, telles que la réception et l'enregistrement des demandes, déclarations et rapports des exploitants ; ils ont pleins pouvoirs pour tout ce qui concerne les permis de recherche ; ils assurent le service de contrôle des mines ; ils sanctionnent les règlements intérieurs des exploitants ; ils remplissent les fonctions d'arbitres pour toutes les contestations entre les exploitants et les propriétaires du sol.

Le Ministre décide en dernier ressort des sentences arbitrales des chefs de bureau de contrôle des subdivisions minières ; toutefois les contestations d'ordre pécuniaire sont déférées en appel à la juridiction civile. Les attributions du Ministre comprennent toutes les questions relatives aux concessions de mine : institution de concession, retrait, modifications au périmètre, déclaration de vente, achat, transfert, fusion et division. Lorsque le Ministre a prononcé la déchéance, il peut être fait appel de sa décision devant le tribunal de contentieux administratif, qui prononce en dernier ressort.

Tours. — Imprimerie DESLIS FRÈRES.

TOURS

IMPRIMERIE DESLIS FRÈRES

rue Gambetta, 6

www.ingramcontent.com/pod-product-compliance
Lightning Source LLC
LaVergne TN
LVHW050251030726
842520LV00006B/2306